Der Marsch der Weißen Garde

Gilbert Parker

Writat

Diese Ausgabe erschien im Jahr 2024

ISBN: 9789359947310

Herausgegeben von
Writat
E-Mail: info@writat.com

ICH

„Bitten Sie Mr. Hume, für einen Moment hierherzukommen, Gosse", sagte Field, der Hauptfaktor, als er sich vom frostigen Fenster seines Büros in Fort Providence, einem der Posten der Hudson's Bay Company, umdrehte. Der Diener, oder besser gesagt, Ordonnanz-Sergeant Gosse, verstorben bei der schottischen Garde, machte sich auf den Weg zu seinem Auftrag und warf dabei einen neugierigen Blick auf das Gesicht seines Herrn. Als sich der Hauptfaktor umdrehte, öffnete er die Hände hinter seinem Rücken, trat ein paar Schritte vor, blieb dann in der Mitte des Raumes stehen und las sorgfältig einen Brief durch, den er eine Zeit lang in den Fingern seiner rechten Hand gehalten hatte Es dauerte zehn Minuten, während er die Schneewüsten absuchte, die sich über den Großen Sklavensee hinaus bis zum Polarkreis erstreckten. Er dachte einen Moment nach, ging zurück zum Fenster, schaute wieder hinaus, schüttelte verneinend den Kopf und ging seufzend hinüber zum riesigen Kamin. Er stand nachdenklich da und betrachtete den Boden, bis sich die Tür öffnete und Unterfaktor Jaspar Hume eintrat.

Der Faktor schaute auf und sagte: „Hume, ich habe hier etwas, das mir ein bisschen Sorgen bereitet. Dieser Brief kam heute Morgen im monatlichen Stapel an. Es ist von einer Frau. Das Unternehmen schickt einen weiteren Brief, in dem er das Anliegen der Frau lobt und uns auffordert, alles zu tun, was möglich ist, um ihren Wünschen gerecht zu werden. Es scheint, dass ihr Mann ein Bauingenieur von beträchtlichem Ruhm ist. Er hatte den Auftrag, die Coppermine-Region und einen Teil des Barren Grounds zu erkunden. Er sollte sechs Monate weg sein. Er ist seit einem Jahr weg. Er verließ Fort Good Hope, umrundete den Great Bear Lake und erreichte den Coppermine River. Dann schickte er alle Indianer, die ihn begleiteten, bis auf zwei, zurück und überbrachte ihnen die Botschaft, dass er den Great Fish River überqueren und über den Great Slave Lake nach Fort Providence gelangen würde. Das war vor neun Monaten. Soweit bekannt, ist er weder hierher noch zu einer anderen Festung gekommen, noch hat man eine Nachricht von ihm erhalten. Seine Frau fordert mit Unterstützung der HBC die Entsendung einer Hilfstruppe, um nach ihm zu suchen. Sie und sie vergessen, dass dies die arktische Region ist und dass die Aufgabe nahezu aussichtslos ist. Er hätte schon vor sechs Monaten hier sein sollen. Wie können wir nun etwas tun? Unsere Festung ist klein und es besteht immer die Gefahr von Ärger mit den Indianern. Wir können Männer nicht zwingen, einer solchen Hilfsgruppe beizutreten, und wer wird sich freiwillig melden? Wer würde eine solche Partei leiten und wer wird die zu führende Partei bilden?"

Das braune Gesicht von Jasper Hume war nicht beweglich. Der Ausdruck änderte sich, aber selten; es bewahrte einen stabilen und befriedigenden Charakter von Intelligenz und Kraft. Die Augen waren jedoch von forschender, debattierender Art und wanderten von einer Sache zur anderen, als ob sie einen Sinn für das Gleichgewicht erlangen wollten, bevor sie eine Meinung oder ein Urteil äußerten. Das Gesicht war ausdruckslos geblieben, aber die Augen waren ein wenig heller geworden, als der Faktor sprach. Auf die verzweifelte Frage des Faktors erhielt er nicht sofort eine Antwort. Die Augen debattierten. Doch plötzlich beruhigten sie sich und Jaspar Hume sagte sentimental: „Eine Hilfsgruppe sollte gehen."

„Ja, ja, aber wer soll sie führen?"

Wieder debattierten die Augen.

„Lesen Sie ihren Brief", sagte der Faktor und überreichte ihn. Jasper Hume nahm es und scannte es mechanisch. Der Faktor war zum Tisch gegangen, um seine Pfeife zu holen, sonst hätte er gesehen, wie der andere anfing, und seine Nasenflügel zitterten leicht, als seinen Augen bewusst wurde, was sie sahen. Hume drehte sich schnell um, ging zum Fenster, um mehr Licht zu bekommen, und las mit dem Rücken zum Faktor den Brief. Dann drehte er sich um und sagte: „Ich denke, das sollte getan werden."

Der Faktor zuckte leicht mit den Schultern. „Nun, das denke ich auch, aber Denken und Handeln sind zwei verschiedene Dinge, Hume."

„Wirst du die Angelegenheit bis zum Morgen in meinen Händen lassen?"

„Ja, natürlich, und ich bin froh, das zu tun. Sie sind der einzige Mann, der die Angelegenheit arrangieren kann, wenn sie überhaupt durchgeführt werden soll. Aber ich sage Ihnen, wie Sie wissen, dass alles von einem Anführer abhängen wird, selbst wenn Sie die Männer sichern ... Sie sollten den Brief also besser für heute Abend aufbewahren. Es kann Ihnen helfen, die Männer zusammenzubringen. Die Handschrift einer Frau wird jederzeit mehr bewirken als das Wort eines Mannes."

Jaspar Humes Augen hatten auf den Faktor geschaut, aber sie studierten etwas anderes. Sein Gesicht wirkte nicht mehr ganz so frisch wie noch vor ein paar Minuten.

„Ich sehe Sie morgen früh um zehn Uhr, Mr. Field", sagte er ruhig. „Wirst du Gosse in einer Stunde zu mir kommen lassen?"

"Sicherlich. Gute Nacht."

Jasper Hume ließ sich raus. Er ging über einen kleinen Platz zu einem Blockhaus und öffnete eine Tür, die vor Kälte knarrte und kreischte. Dabei sprang ein Hund auf ihn zu und rieb seinen Kopf an seiner Brust. Er berührte den Kopf, als wäre es der eines Kindes, und sagte: „Leg dich hin, Bouche."

Das tat es, aber es beobachtete ihn, wie er seine Hundefellmütze und seinen Büffelmantel abnahm. Er blickte sich einmal langsam im Raum um, als wolle er es klar und tief in seinem Geist festhalten. Dann setzte er sich und hielt den Brief, den ihm der Faktor gegeben hatte, in die Nähe des Feuerscheins. Seine Gesichtszüge wurden streng und ernst, als er es las. Einmal unterbrach er die Lektüre, schaute ins Feuer und atmete scharf zwischen den Zähnen ein. Dann las er es ohne Zeichen zu Ende. Eine Pause, und er sagte laut: „So treffen sich die Linien also wieder, Varre Lepage!" Er las den letzten Satz des Briefes laut vor:

In der Hoffnung, dass Sie mir bald eine gute Nachricht von meinem Mann überbringen,

Ich bin, bei allem Respekt,

Mit freundlichsten Grüßen,

ROSE LEPAGE.

Noch einmal wiederholte er: „Bei allem Respekt, mit freundlichen Grüßen, Rose Lepage."

Der Hund Bouche blickte auf. Vielleicht hat es etwas Ungewöhnliches in der Stimme entdeckt. Es stand auf, kam herüber und legte seinen Kopf auf das Knie seines Herrn. Humes Hand fiel sanft auf den Kopf und er sagte zum Feuer: „Ah, Rose Lepage, Sie können Factor Field schreiben, was Sie Ihrem Mann nicht zu schreiben wagen würden, wenn Sie es wüssten. Du könntest dann zu ihm sagen: ‚Mit aller Liebe', aber nicht ‚Mit allem Respekt'."

Er faltete den Brief zusammen und steckte ihn in seine Tasche. Dann nahm er den Kopf des Hundes zwischen seine Hände und sagte: „Hör zu, Bouche, und ich werde dir eine Geschichte erzählen." Der Hund blinzelte und drückte seine Nase gegen seinen Arm.

Vor zehn Jahren kämpften zwei junge Männer, die gemeinsam an derselben Hochschule studiert und ihren Abschluss gemacht hatten, gemeinsam in ihrem Beruf als Bauingenieure. Einer war Clive Lepage und der andere war Jasper Hume. Der eine war brillant und überzeugend, der andere beharrlich und fleißig. Lepage hätte in jedem Beruf erfolgreich sein können; Hume hatte nur Herz und Verstand.

„Nur für einen, Bouche, verstehen Sie? Er lebte darin, er liebte es, er sah darin Großes zu erreichen. Er hatte eine Idee. Er arbeitete Tag und Nacht daran , er dachte darüber nach, er entwickelte es, er perfektionierte es, er war bereit, es der Welt zu geben. Doch er wurde krank, erblindete und wurde für ein Jahr in ein warmes Klima beordert. Er ließ seine Idee, seine Erfindung hinter sich – seine vollständige Idee. Während seiner Abwesenheit stahl sein Busenfreund seine vollendete Idee – ja, er stahl sie und verkaufte sie für zwanzigtausend Dollar. Man nannte ihn ein Genie, einen großen Erfinder. Und dann heiratete er sie. Du kennst sie nicht, Bouche. Sie haben nie die schöne Rose Varcoe gesehen , die, weil sie zwei Männer mochte, denjenigen wählte, der gutaussehend und brillant war und den die Welt ein Genie nannte. Warum hat Jasper Hume ihn nicht entlarvt, Bouche? Der Beweis ist nicht immer einfach, und dann musste er an sie denken. Man muss in einem solchen Fall an eine Frau denken, Bouche. Sogar ein Hund kann das sehen.“

Er schwieg einen Moment und sagte dann: „Komm, Bouche. Du wirst geheim halten, was ich dir zeige.“

Er ging zu einer großen Kiste in der Ecke, schloss sie auf und holte ein Modell aus Messing und Kupfer und glattem, aber unpoliertem Holz heraus.

„Nach zehn Jahren Verbannung, Bouche, hat Hume eine andere Idee ausgearbeitet, wissen Sie? Es sollte das Zehnfache des anderen wert sein, und die Welt nannte das andere das Werk eines Genies, eines Hundes.“

Dann verstummte er, während das Tier ihn beobachtete. Man hatte ihn viele Tage lang an diesem Modell arbeiten sehen, aber noch nie hatte er ihn so viel am Stück sprechen hören wie in den letzten zehn Minuten. Im Allgemeinen war er ein schweigsamer Mann – entscheidungsfreudig, selbst wenn es um Strenge, unvorsichtige Träger und scheue Unteroffiziersgedanken ging. Doch niemand konnte sich darüber beschweren, dass er ungerecht war. Er war einfach direkt und hatte kein Verständnis für diejenigen, die nicht die gleichen Qualitäten hatten. Er hatte einen betrunkenen Indianer kilometerweit auf dem Rücken getragen und vor einem sicheren Frosttod bewahrt. In Ermangelung einer bequemeren Strafe hatte er Jeff Hyde, den gelegentlichen Tyrannen des Forts, sofort niedergeschlagen, weil er sich ein Bündel Pelze angeeignet hatte, das einem französischen Mischling, Gaspe Toujours , gehörte . Aber er pflegte Jeff Hyde während einer Lungenentzündung und bestand gleichzeitig darauf, dass Gaspe Toujours ihm helfen sollte. Das Ergebnis war, dass Jeff Hyde und Gaspe Toujours ständige Verbündete wurden. Beide formulierten ihre Eide von Jasper Hume. Der Indianer Cloud-in-the-Sky dankte seinem Retter zwar nie mit Worten, konnte aber nicht dazu bewegt werden, das Fort zu verlassen, außer auf einer Mission, mit der Jaspar Hume in Verbindung stand. Er zog es vor, ein unwürdiges, unindisches Leben zu führen und sich durch grobe Handarbeit Nahrung und Unterkunft zu verdienen . Er kam mindestens zweimal in der Woche zu Humes Blockhaus, saß schweigend und mit gekreuzten Beinen vor dem Feuer und sah zu, wie der Unterfaktor an seinen Zeichnungen und Berechnungen arbeitete. Er saß vielleicht eine Stunde oder länger so und rauchte die ganze Zeit, dann erhob er sich und verschwand mit einem Grunzen, das mit einem freundlichen Nicken beantwortet wurde, ebenso lautlos, wie er gekommen war.

Und als Jaspar Hume nun dastand und seine „Idee" betrachtete, trat Cloud-in-the-Sky ein, ließ seine Decke neben den Herdstein fallen und setzte sich darauf. Wenn Hume ihn sah oder hörte, gab er zumindest zunächst kein Zeichen. Doch schließlich sagte er leise zu dem Hund: „Es ist vollbracht, Bouche; es ist bereit für die Welt."

Dann stellte er es zurück, schloss die Kiste ab und drehte sich zu Cloud-in-the-Sky und dem Kamin um. Der Indianer grunzte; der andere nickte, wobei der debattierende Blick wieder in seinen Augen vorherrschte. Der Inder nahm den Blick mit Genugtuung entgegen. Es gab etwas in Jaspar Humes gewohnter Zurückhaltung und Entschlossenheit im Handeln, das Cloud-in-the-Sky mehr gefiel, als es jede freie Meinungsäußerung je hätte tun können.

Hume setzte sich, reichte dem Indianer eine Pfeife und Tabak und beobachtete mit verschränkten Armen das Feuer. Eine halbe Stunde lang saßen sie so da, weißer Mann, Indianer und Hund. Dann stand Hume auf, ging zu einem Schrank, holte etwas Siegellack und Streichhölzer heraus, und einen Augenblick später tropfte geschmolzenes Wachs auf das Schloss der Schachtel, die seine Idee enthielt. Er hatte dies gerade beendet, als Sergeant Gosse an die Tür klopfte und gleich darauf den Raum betrat.

„Gosse", sagte der Unterfaktor, „finden Sie Jeff Hyde, Gaspe Toujours und Late Carscallen und bringen Sie sie hierher." Sergeant Gosse machte sich sofort auf den Weg, um diesen Auftrag zu erfüllen. Hume wandte sich dann an den Indianer und sagte: „Wolke im Himmel, ich möchte, dass du eine lange Reise hierher zu den Barren Grounds machst. Halten Sie bis morgen früh um neun zwölf Hunde bereit."

Cloud-in-the-Sky schüttelte nachdenklich den Kopf und sagte dann nach einer Pause: „Starker Rücken geht auch?" Strongback war sein Name für den Subfaktor. Aber der andere hörte es entweder nicht oder wollte es nicht hören. Der Inder schien jedoch zufrieden zu sein, denn er rauchte danach stärker und grunzte mehrmals vor sich hin. Ein paar Augenblicke vergingen, und dann trat Sergeant Gosse ein, gefolgt von Jeff Hyde, Gaspe Toujours und Late Carscallen . Der verstorbene Carscallen hatte seinen Namen „Late" erhalten, weil er vom Hauptfaktor wegen seiner Langsamkeit „der verstorbene Mr. Carscallen " genannt wurde . Obwohl er langsam war, hatte sich der stämmige Schotte nach Humes Vorstellungen mehr als einmal als ein Mann von seltenen Verdiensten erwiesen. Er war natürlich der letzte, der eintrat.

Die Männer gruppierten sich um das Feuer, wobei der verstorbene Carscallen die kälteste Ecke eroberte. Jeder Mann zog seinen Tabak aus der Tasche, schnitt ihn ab und wartete darauf, dass Hume etwas sagte. Seine Augen ruhten debattierend auf den Vieren. Dann nahm er den Brief von Frau Lepage heraus und las ihn laut vor, während die Gruppe ihn ansah. Als es fertig war, stimmte Cloud-in-the-Sky guttural zu, und Gaspe Toujours sagte mit Blick auf Jeff Hyde: „Es ist kalt in den Barren Grounds." Wir werden viel Tabak brauchen ." Diese Männer konnten Humes Grund, warum er sie herbeirief, ohne Schwierigkeiten lesen. Auf die Bemerkung von Gaspe Toujours nickte Jeff Hyde zustimmend, und dann sahen alle den verstorbenen Carscallen an . Er öffnete seine schweren Kiefer ein- oder zweimal mit einem tierischen Laut und sagte dann ganz allgemein:

„Auf das karge Gelände. Aber wer führt?"

Hume schrieb auf einen Zettel und antwortete nicht. Die Gesichter von drei von ihnen zeigten einen Anflug von Besorgnis. Sie vermuteten, wer es sein würde, waren sich aber nicht sicher. Cloud-in-the-Sky grunzte sie jedoch an und hob den Kopf seiner Pfeife in Richtung des Subfaktors. Dann schien die Angst zu verschwinden.

Noch zehn Minuten lang saßen sie schweigend da. Dann erhob sich Hume, reichte Sergeant Gosse den Zettel und sagte: „Kümmern Sie sich sofort darum, Gosse." Untersuchen Sie das Essen und die Decken genau."

Die fünf wurden allein gelassen.

Dann sprach Hume: „Jeff Hyde, Gaspe Toujours , Late Carscallen und Cloud-in-the-Sky, dieser Mann, ob lebendig oder tot, befindet sich zwischen hier und den Barren Grounds. Er muss gefunden werden – seiner Frau zuliebe."

Er überreichte Jeff Hyde ihren Brief. Jeff rieb sich die Finger, bevor er das zarte und parfümierte Schreiben berührte. Seine Zartheit schien ihn zu verwirren. Er sagte: grob, aber freundlich: „Ich hoffe zu sterben, wenn ich es nicht tue", und gab es an Gaspe Toujours weiter , der es nicht für nötig hielt, etwas zu sagen. Sein Kamerad hatte für ihn geantwortet. Der verstorbene Carscallen hielt es einen Moment lang neugierig, dann öffnete und schloss sein Kiefer, als wollte er etwas sagen. Doch vorher sagte Hume: „Es ist eine lange und schwierige Reise. Wer geht, kommt vielleicht nie wieder zurück. Aber dieser Mann hat für sein Land gearbeitet und er hat eine Frau – eine gute Frau." Er hielt den Brief hoch. „Der verstorbene Carscallen möchte wissen, wer dich führen wird. Kannst du mir nicht vertrauen? Ich werde dir einen Anführer geben, dem du bis zum Ödland folgen wirst. Morgen wirst du wissen, wer er ist. Sind Sie zufrieden? Wirst Du es machen?"

Die vier standen auf und Cloud-in-the-Sky nickte viele Male zustimmend. Hume streckte seine Hand aus. Jeder schüttelte es, Jeff Hyde zuerst. Dann sagte er: „Aufrücken für die HBC!" (HBC bedeutet natürlich Hudson's Bay Company.)

Mit einem guten Mann an der Spitze hätten diese vier allein die Höhen von Balaklava gestürmt.

Noch einmal sprach Hume. „Geh nach Gosse und hol deine Kleidung morgen früh um neun. Cloud-in-the-Sky, stellen Sie Ihre Schlitten um acht Uhr im Laden bereit, damit sie beladen werden können. Dann treffen mich alle um 10.15 Uhr im Büro des Hauptfaktors. Gute Nacht."

Als sie ohnmächtig in die halbarktische Nacht hinausgingen, sagte der verstorbene Carscallen mit unwirklicher Hartnäckigkeit: „Langsamer Marsch zum Ödland – aber wer führt?"

Allein gelassen setzte sich Hume an den Kieferntisch an einem Ende des Raumes und begann nach kurzem Zögern zu schreiben. Stundenlang saß er dort und stand nur auf, um Holz ins Feuer zu legen. Das Ergebnis waren drei Briefe: der größte an eine berühmte Gesellschaft in London, einer an einen Anwalt in Montreal und einer an Mr. Field, den Hauptfaktor. Sie wurden alle sorgfältig versiegelt. Dann erhob er sich, holte sein Messer heraus und ging zur Kiste, als wollte er das rote Siegel brechen. Er hielt jedoch inne, seufzte und steckte das Messer wieder zurück. Dabei spürte er, wie etwas sein Bein berührte. Es war der Hund.

Hume holte scharf Luft und sagte: „Es war alles bereit, Bouche; und in weiteren sechs Monaten hätte ich damit in London sein sollen. Aber es wird gehen, ob ich gehe oder nicht – ob ich gehe oder nicht, Bouche."

Der Hund sprang auf und legte seinen Kopf an die Brust seines Herrn.

„Guter Hund, guter Hund, es ist alles in Ordnung, Bouche; Wie auch immer es läuft, es ist in Ordnung", sagte Hume.

Dann legte sich der Hund hin und beobachtete seinen Herrn, bis er die Decken bis zum Kinn zog und der Schlaf eine kämpfende Seele in Vergessenheit brachte.

II

Am nächsten Morgen um zehn Uhr erschien Jasper Hume im Büro des Hauptfaktors. Er trug die Briefe bei sich, die er am Abend zuvor geschrieben hatte.

Der Faktor sagte: „Nun, Hume, ich freue mich, Sie zu sehen. Der Brief dieser Frau ging mir die ganze Nacht durch den Kopf. Haben Sie etwas vorzuschlagen? Ich denke nicht", fügte er verzweifelt hinzu, während er dem anderen genau ins Gesicht blickte. „Ja, Mr. Field, ich schlage vor, dass die Expedition heute Mittag beginnt."

„Beginn-um-Mittag-zu-Tag?"

"In zwei Stunden."

„Wer ist die Partei?"

„Jeff Hyde, Gaspe Toujours , Late Carscallen und Cloud-in-the-Sky."

„Wer führt sie an, Hume? Wer führt?"

„Mit Ihrer Erlaubnis tue ich das."

"Du? Aber, Mann, bedenken Sie die Gefahr und – Ihre Erfindung!"

„Ich habe alles bedacht. Hier sind drei Buchstaben. Sollten wir in drei Monaten nicht zurückkommen, schicken Sie bitte dieses hier mit dem Karton in meinem Zimmer an die Adresse auf dem Umschlag. Dies ist für einen Anwalt in Montreal, den Sie ebenfalls so schnell wie möglich weiterleiten werden; und das letzte ist für dich selbst; aber Sie werden es erst öffnen, wenn die drei Monate vergangen sind. Habe ich Ihre Erlaubnis, diese Männer zu führen? Ohne mich würden sie nicht gehen."

„Das weiß ich, das weiß ich, Hume. Ich kann nicht nein sagen. Geh, ich wünsche dir viel Glück."

Hier wandte der männliche alte Faktor seinen Kopf ab. Er wusste, dass Hume das Richtige getan hatte. Er wusste, dass dieser Mann möglicherweise all seine Hoffnungen, sein ganzes Leben opferte; und sein gesundes schottisches Herz schätzte die Tat in vollen Zügen. Aber er wusste nicht alles. Er wusste nicht, dass Jaspar Hume begann, nach dem Mann zu suchen, der ihn seiner Jugend, seiner Hoffnung, seines Genies und seiner Heimat beraubt hatte.

„Hier ist ein Brief, den die Frau an ihren Mann geschrieben hat, mit der Absicht, ihn zu bekommen. Du wirst es mitnehmen, Hume. Und das andere, das sie mir geschrieben hat – soll ich es behalten?" Er streckte seine Hand aus.

„Nein, Sir, ich werde es behalten, wenn Sie mir erlauben. Es ist mein Auftrag, wissen Sie." Der Schatten eines Lächelns schwebte um Humes Lippen.

Der Faktor lächelte freundlich, als er antwortete: „Ah ja, Ihr Auftrag – Kapitän Jaspar Hume – wofür?" In diesem Moment öffnete sich die Tür und herein traten die vier Männer, die in der Nacht zuvor vor dem Feuer des Unterfaktors gesessen hatten. Sie waren von Kopf bis Fuß in weiße Deckenkostüme gekleidet, weiße Wollcapotes bedeckten die grauen Pelzmützen, die sie trugen. Jaspar Hume ließ seinen Blick über sie schweifen und antwortete dann auf die Frage des Faktors: „Von der Weißen Garde, Sir."

„Gut", war die Antwort. „Männer, ihr geht auf eine Hilfsexpedition. Es wird Gefahr geben. Sie brauchen einen guten Anführer. Sie haben einen in Captain Hume.

Jeff Hyde schüttelte den Kopf mit einem zufriedenen „Ich habe es dir gesagt"-Gesichtsausdruck. Cloud-in-the-Sky grunzte seine tiefe Zustimmung; und der verstorbene Carscallen schmatzte zufrieden mit den Lippen und rieb sich mit schuljungenhaftem Vergnügen das Bein. Der Faktor fuhr fort: „Im Namen der Hudson's Bay Company werde ich sagen, dass Sie reich belohnt werden, wenn Sie zurückkommen und Ihre Pflicht treu erfüllt haben. Und ich glaube, dass Sie zurückkommen werden, wenn es in der menschlichen Macht liegt, dies zu tun."

Hier sagte Jeff Hyde: „Wir tun es nicht aus Belohnung , Mr. Field, sondern weil Mr. Hume es wollte, weil wir glaubten, er würde uns führen; und für die Frau des Verlorenen. Wir hätten nicht gesagt, dass wir es tun würden, wenn er nicht gewesen wäre, der uns einfach die Weißen Garde nennt."

Unter dem bronzefarbenen Gesicht des Unterfaktors breitete sich ein Schimmer aus, der eher rot als braun war, und er sagte einfach: „Danke, Männer" – denn alle hatten Jeff Hydes Worten zugestimmt – „ Kommt mit mir in den Laden." Wir werden um die Mittagszeit beginnen."

Mittags stand die Weiße Garde vor dem Laden, auf dem die britische Flagge gehisst wurde, darunter eine weitere mit den magischen Buchstaben HBC: Magie, denn sie öffneten sich zu den Regionen der Welt, die dazu bestimmt zu sein schienen, niemals den Hauch der Zivilisation zu erfahren . Die wenigen Bewohner der Festung versammelten sich im Laden; die Hunde und beladenen Schlitten standen vor der Tür. Es dauerte nur zwei Minuten vor zwölf, als Hume, ebenfalls in das weiße Deckenkostüm gekleidet, aus seinem Haus kam, gefolgt von seinem Hund Bouche. Einen Augenblick später hatte er Bouche an die Spitze des ersten Hundeteams gestellt. Sie sollten auch ihren Anführer haben. Pünktlich zur Mittagszeit schüttelte

Hume dem Faktor die Hand, verabschiedete sich schnell von den anderen und rief ein freundliches „Wie!" zu. Zu den Indianern, die in der Nähe standen, und zu dem Klang eines herzlichen Jubels, herzlicher vielleicht, weil niemand die sichere Hoffnung hatte, dass die fünf zurückkommen würden, begann der Marsch der Weißen Garde.

III

Es war achtzehn Tage später. Im Schatten einer kleinen Insel aus Kiefern, die in einer zitternden Einöde aus Eis und Schnee liegt, lagerten die Weißgardisten. Sie konnten in dieser Nacht tun, was sie tagelang nicht getan hatten – ein großes Grab aus Schnee ausheben und an jedem Ende dieses seltsamen Hauses ein Feuer aus Kiefernholz anzünden, um Schutz und so etwas wie Trost zu finden. Sie saßen schweigend in der Nähe der Feuer. Jasper Hume schrieb mit tauben Fingern. Der folgende Auszug stammt aus seinem Tagebuch. Es erzählt vom Leben dieses Tages und vermittelt so eine Vorstellung von härteren, strengeren Tagen, die sie auf dieser anstrengenden Reise verbracht hatten und noch verbringen müssen.

25. Dezember – Dies ist Weihnachtstag und Camp 27. Wir

sind heute nur fünf Meilen marschiert. Wir sind 130 Kilometer von Great entfernt

Fish River und das Schlimmste, was uns noch bevorsteht. Wir haben keine Anzeichen entdeckt.

Jeff Hyde hatte zwei schlimme Tage mit seinem gefrorenen Fuß. Keuchen

Toujours hilft ihm edel. Einer der Hunde ist heute Morgen gestorben.

Bouche ist ein großartiger Anführer. Diese Nachtunterkunft ist ein Geschenk Gottes.

Cloud-in-the-Sky hat einen Plan, mit dem einige von uns gut schlafen können. Wir

liegen auf dem Breitengrad 63° 47' und dem Längengrad 112° 32' 14". Habe gearbeitet

Mondbeobachtungen durchführen. Habe einen Baum JH/27 markiert und einen Steinhaufen errichtet

Nr. 3.

Wir können den Weihnachtstag mit einer guten Tasse Tee feiern

Unser Vorrat an in Fett gekochten Bohnen. Mit ihnen hatte ich Recht: sie

haben eine große Nachhaltigkeitskraft. Morgen fangen wir um zehn an

Uhr.

Nachdem er mit dem Schreiben fertig war, legte Jasper Hume sein Buch weg und wandte sich dem Rest zu. Cloud-in-the-Sky und Late Carscallen rauchten. Von ihren Gesichtern war wenig zu sehen; sie wurden bis in die Augen geschnüffelt. Gaspe Toujours trank eine Schüssel Tee und Jeff Hyde döste unruhig am Feuer. Die Hunde waren oben im Zelt – alle außer Bouche, der sich in der Nähe seines Herrn aufhalten durfte. Plötzlich erhob sich der Unterfaktor, nahm aus einem Rucksack einen kleinen Blecheimer und stellte ihn in die Nähe des Feuers. Dann nahm er fünf kleine Becher, die genau ineinander passten, trennte sie und stellte sie ebenfalls neben das Feuer. Keiner der Partei sprach. Eine Veränderung schien über die Gesichter aller außer Cloud-in-the-Sky zu gehen. Er rauchte ungerührt weiter. Schließlich sprach Hume fröhlich: „Nun, Männer, bevor wir uns übergeben, werden wir etwas zu Ehren des Tages tun. Alkohol hat keiner von uns angerührt, seit wir angefangen haben; Aber dort hinten in der Festung und vielleicht auch an anderen Orten werden sie an uns denken; also werden wir auf sie trinken, auch wenn es nur ein Löffel ist, und bis zu dem Tag, an dem wir sie wiedersehen!"

Die Tassen wurden herumgereicht. Der Unterfaktor hat jedem einen sehr kleinen Anteil zugeteilt. Sie waren keine Männer von außergewöhnlicher Gesinnung; Ihr Leben war starr, isoliert und streng. Gemütlichkeit am Kaminfeuer unter glücklichen Umständen sahen sie nur selten, und sie neigten nicht dazu, ihre Gefühle demonstrativ auszudrücken. Aber jeder Mann, mit Ausnahme von Cloud-in-the-Sky, hatte eine Erinnerung, die eine Auferstehung wert war.

Jaspar Hume hob seinen Becher; der Rest folgte seinem Beispiel. „Auf abwesende Freunde und den Tag, an dem wir sie wiedersehen!" er sagte; und sie tranken alle. Gaspe Toujours trank feierlich und bekreuzigte sich, als wäre niemand in der Nähe. denn seine Erinnerung galt einem duneläugigen, weichwangigen Mädchen aus der Gemeinde Saint Gabrielle, das er vor sieben Jahren zurückgelassen und seitdem nie mehr gesehen hatte. Vom Gemeindepfarrer war die Nachricht gekommen, dass sie im Sterben lag, und obwohl er in seinem heimeligen Patois seinen Kummer zurückschrieb und darum bat, dass der gute Vater noch einmal schreiben würde, war nie eine Nachricht gekommen. Er betrachtete sie jetzt als jemanden, für den Kerzen angezündet und Messen gelesen worden waren.

Aber Jeff Hydes Augen leuchteten, und so leidend er auch war, das Herz in ihm war mutig und hoffnungsvoll. Er dachte an einen herrlichen Weihnachtstag am Madawaska River vor drei Jahren; von Adam Henry, dem blinden Geiger; von der aufgeweckten, warmherzigen Pattie Chown , der Schönheit des Balls, und der langen Heimfahrt in der frostigen Nacht.

Der verstorbene Carscallen dachte an einen Bruder, den er zwanzig Jahre zuvor in Edinburgh seine erste Predigt halten hörte. Und der verstorbene Carscallen , der langsam sprach und dachte, war voller Stolz und Liebe für diesen brillanten Bruder. Im natürlichen Lauf der Dinge hatten sie sich auseinandergelebt, der Langsame und Ungehobelte hatte endlich sein Zuhause im Hohen Norden gefunden und war heute Nacht auf dem Weg zu den Ödlanden. Aber als er mit der Tasse an den Lippen dastand, erinnerte er sich an die Worte eines Zeitungsartikels von ein paar Monaten zuvor. Darin hieß es, dass „Reverend James Carscallen , DD, am Pfingstsonntag vor Ihrer Majestät predigte und anschließend die Ehre hatte, mit Ihrer Majestät zu Mittag zu essen." Der verstorbene Carscallen erinnerte sich daran, rieb freudig seine linke Hand an seinem zugedeckten Bein und trank.

Cloud-in-the-Sky war mit seinen Gedanken bei der Gegenwart und sein „Ugh!" Zustimmung war einer der reinen Sinne. Anstatt auf abwesende Freunde zu trinken, schaute er auf den Unterfaktor und sagte: „Wie!" Er trank bis zum Unterfaktor.

Jasper Hume hatte eine Kindheitserinnerung; eines Hauses an einem schnell fließenden Fluss, in dem eine sanfte, verwitwete Mutter ihr Herz gegen das Unglück wehrte, sich selbst verleugnete und schuftete, damit ihr Sohn eine Ausbildung erhalten konnte. Er hatte ihr gesagt, dass er eines Tages ein großer Mann sein würde und dass sie es ihr hundertfach zurückzahlen würde. Und er hatte in der Schule hart gearbeitet, sehr hart. Aber an einem kalten Frühlingstag erreichte die Schule eine Nachricht, und er eilte nach Hause zu dem Haus neben dem dunklen Fluss, auf dem das Eis schwamm – er würde sich bis zu seinem letzten Tag an das schwimmende Eis erinnern und betrat einen ruhigen Raum, in dem a Die weißgesichtige Frau atmete ihr Leben aus. Und er fiel an ihre Seite und küsste ihre Hand und rief ihr zu; und sie wachte nur für einen Moment auf, lächelte ihn an und sagte: „Sei brav, mein Junge, und Gott wird dich großartig machen." Dann sagte sie, ihr sei kalt, und jemand fühlte ihre Füße – eine gute alte Seele, die traurig den Kopf schüttelte; und eine Stimme, die aus einer seltsam lächelnden Trägheit erwachte, murmelte: „Ich gehe, ich gehe in das Gelobte Land – in das Gelobte Land ... Es ist kalt – so kalt – Gott behüte meinen Jungen!" Dann verstummte die Stimme, und die gütige alte Seele, die ihn angesehen hatte, verschränkte mitleidig die Arme um ihn, zog seinen braunen Kopf an ihre Brust, küsste ihn mit fließenden Augen und flüsterte: „Komm weg, Junge , komm weg."

Aber er kam in der Nacht zurück und setzte sich neben sie und blieb dort, bis die Sonne hell wurde, und dann einen weiteren Tag und eine weitere Nacht, bis sie sie aus dem kleinen Haus am Fluss auf den gefrorenen Hügel trugen.

Als Jaspar Hume hier in dieser Wintertrostlosigkeit saß, sah er noch einmal diese Szenen von vor zwanzig Jahren und folgte sich selbst, einem armen Arzthelfer in einer Arztpraxis, der für den Traum von der Verwirklichung arbeitete, an den seine Mutter glaubte; worauf sie hoffte. Und als er dem Jungen, der er selbst war, weiter folgte, sah er einen freundlosen Erstklässler am College, doch schon bald freundete er sich mit Clive Lepage an und sah immer das Beste in diesem Freund, da er sich selbst so treu blieb. Endlich kam der Tag, an dem sie beide gemeinsam ihr Naturwissenschaftsstudium abschlossen, ein strahlender und glücklicher Tag, dem ein noch strahlenderer folgte, als sie beide als Juniorpartner in eine große Firma eintraten. Danach kam es zu einem Treffen mit Rose Varcoe ; und er dachte daran, wie er ihr gegenüber seinen Freund Lepage lobte und ihn ihr vorstellte. Er erinnerte sich an all die Visionen, die ihm kamen, als er nach erreichten beruflichen Erfolgen ein glückliches Zuhause und glückliche Gesichter an seinem Kamin haben sollte. Und das Gesicht sollte das von Rose Varcoe und den anderen sein , Gesichter von denen, die wie sie und wie er selbst sein sollten. Er sah oder vielmehr spürte, wie sein Gesicht umwölkt und ängstlich war, als er der Gesundheit zuliebe krank und blind wegging. Er schrieb ihr nicht. Das haben ihm die Ärzte verboten. Er bat sie nicht, ihm zu schreiben, denn er war von Natur aus so standhaft, dass er keine Briefe brauchte, um treu zu bleiben; und er dachte, sie müsse dieselbe sein. Er verstand das Herz einer Frau nicht, wie sehr es Erinnerungen braucht und Erinnerungen geben muss.

Humes Gesicht wirkte im Licht dieses Feuers ruhig und kalt, doch dahinter verbarg sich eine quälende Erinnerung – die Erinnerung an den Tag, als er erfuhr, dass Lepage mit Rose verheiratet war und dass der vertrauenswürdige Freund berühmt und wohlhabend geworden war. an den Nachkommen seines Gehirns tun. Sein erster Gedanke war der grimmige Entschluss gewesen, diesen Mann zu entlarven, der jegliches Vertrauen gefälscht hatte. Doch dann kam der Gedanke an das Mädchen, und vor allem kamen die Worte seiner sterbenden Mutter: „Sei brav, mein Junge, und Gott wird dich groß machen"; und um seiner Mutter willen hatte er Mitleid mit dem Mädchen und verlangte von ihrem Mann keine Wiedergutmachung. Und jetzt, zehn Jahre später, bereute er es nicht, dass er seine Hand zurückgehalten hatte. Die Welt hatte aufgehört, Lepage als Genie zu bezeichnen. Er hatte die einst in ihn gesetzte Hoffnung nicht erfüllt. Hume wusste dies aus gelegentlichen Referenzen in wissenschaftlichen Fachzeitschriften.

Und jetzt machte er diese Reise, um, wenn er konnte, Lepages Leben zu retten. Obwohl er gerade am Rande einer neuen Ära in seiner Karriere stand – der Welt die Früchte zehnjähriger Überlegungen und Arbeit zu schenken –, hatte er alles hinter sich gelassen, um der Freundschaft seiner Jugend treu zu bleiben bis zur letzten Stunde seines Lebens von Gewissensbissen verschont bleiben.

Als er sich jetzt umsah, trat wieder der debattierende Blick in seine Augen. Er legte seine Hand auf seine Brust und ließ sie dort einen Moment ruhen. Der Blick wurde sicher und fest, die Hand war ausgestreckt und darin lag ein Buch des gemeinsamen Gebets. Auf dem Vorsatzblatt stand geschrieben: „Jane Hume, ihrem lieben Sohn Jaspar, zu seinem zwölften Geburtstag."

Diese Männer der Weißen Garde waren an religiöse Praktiken nicht gewöhnt, was auch immer ihre Vergangenheit in dieser Hinsicht gewesen sein mochte, und zu jedem anderen Zeitpunkt wären sie über dieses Vorgehen ihres Anführers überrascht gewesen. Unter bestimmten Umständen hätte es ihre Meinung über ihn schwächen können; aber sein Einfluss auf sie war nun vollständig. Sie wussten, dass sie ihm näher kamen als jemals zuvor; Sogar Cloud-in-the-Sky wusste das zu schätzen. Hume sagte kein Wort zu ihnen, sondern sah sie an und stand auf. Sie alle taten dasselbe, Jeff Hyde stützte sich auf die Schultern von Gaspe Toujours . Er las zuerst vier Verse des 31. Psalms, dann folgte er dem Gebet des heiligen Chrysostomus und dem schönen Gebet, das den Allmächtigen auffordert, die Gebrechen der Menschen gnädig zu betrachten und seine Hand zum Bewahren und Verteidigen auszustrecken sie in allen Gefahren und Nöten. Der verstorbene Carscallen sagte nach einer langen Pause „Amen", und Jeff flüsterte Gaspe Toujours zu : „Das ist der Punkt. Gebrechen, Gefahren und Notwendigkeiten beunruhigen uns."

Unmittelbar danach begann Cloud-in-the-Sky auf ein Zeichen des Unterfaktors hin, das brennende Holz von einem Feuer zum anderen zu transportieren, bis nur noch heiße Asche an der Stelle übrig blieb, an der ein großer Brand gestanden hatte. Über dieser Asche wurden Kiefernzweige und -zweige ausgebreitet und darüber wiederum Decken. Dann wurde das Wort gegeben, sich umzudrehen, und Jeff Hyde, Gaspe Toujours und der verstorbene Carscallen legten sich in dieses bequeme Bett. Jeder wollte seinem Kapitän den Vortritt lassen, aber dieser wollte nicht einwilligen. Er und Cloud-in-the-Sky wickelten sich wie Mumien in ihre Decken und bedeckten den Kopf vollständig, und unter dem arktischen Himmel schliefen sie allein in einer kargen und herrenlosen Welt. Wer nicht das Land gesehen hat, in dem das Quecksilber in den Röhren gefriert und in dem Lächeln der Sonne Licht, aber keine Wärme ist, weiß nie, wie erhaben die Natur sein kann. Nicht Sturt im Herzen Australiens, wo das Quecksilber die heißen Röhren zum Platzen bringt, die Fingernägel brechen wie sprödes Glas, die Tinte sofort auf dem Stift trocknet, die Haare verblassen und ausfallen, hätte, wenn er gekonnt hätte, ausgetauscht sein Los für das der Weißen Garde. Sie befanden sich in einer gefrorenen Unendlichkeit, die sich bis zu einer Welt erstreckte, in der weder Menschenstimmen noch Flügelschläge oder Schritte von Tieren zu hören sind. Es ist die Schwelle zum unentdeckten Land, zum unberührten Norden, dessen weiße Felder nur von den riesigen Kräften der Elemente zerfurcht werden; Auf dessen eiskaltem Herdstein niemals ein Feuer entzündet wird; wo die elektrischen Phantome eines nachtlosen Landes immer wieder vorbeiziehen und niemals still sind; wo die Zaubernadel nicht nach Norden, sondern dunkel nach unten zeigt; wo die Sonne dem, der es wagt, sich den Schrecken des ewigen Schnees zu stellen, niemals warme Hände entgegenstreckt.

Die Weißgardisten schliefen.

IV

„Nein, Kapitän; Lassen Sie mich hier und fahren Sie weiter zum Manitou Mountain. Du solltest es in zwei Tagen schaffen. Ich bin hier genauso sicher wie auf den Schlitten und habe weniger Ärger. Ein Blinder ist nicht gut. Während du weg bist, werde ich mich gut ausruhen, und dann kommen meine Augen vielleicht wieder richtig zur Geltung. Meinem Fuß geht es jetzt fast wieder gut.“

Jeff Hyde war schneeblind. Der Riese der Partei hatte am meisten gelitten.

Aber Hume antwortete: „Ich werde dich nicht allein lassen. Die Hunde können dich tragen, wie sie es in den letzten zehn Tagen getan haben.“

Aber Jeff antwortete: „Ich bin hier genauso sicher wie beim Marschieren, und noch sicherer.“ Wenn die Hunde mich nicht tragen und niemand mich führt, kommt man schneller voran; und das bedeutet uns doch alles, nicht wahr?“

Hume traf den Blick von Gaspe Toujours . Er hat sie gelesen. Dann sagte er zu Jeff: „Es soll so sein, wie du es wünschst. Der verstorbene Carscallen , Cloud-in-the-Sky und ich werden weiter zum Manitou Mountain vordringen. Sie und Gaspe Toujours werden hier bleiben.“

Jeff Hydes blinde Augen richteten sich auf Gaspe Toujours , der sagte: „Ja. Wir haben reichlich Tabak .“

Ein Zelt wurde aufgebaut, Proviant hineingelegt, eine Spirituslampe und Streichhölzer hinzugefügt und die einfache Versorgung war abgeschlossen. Nicht ganz. Jasper Hume sah sich um. Es war kein Baum zu sehen. Er bückte sich und schnitt eine Stange ab, die zur Verstärkung der Schlittenkufen diente, befestigte sie fest im Boden und band daran einen roten Wollschal , mit dem er seine weißen Decken fester um sich zog. Dann sagte er: „Seien Sie sicher und lassen Sie es fliegen.“

Jeffs Gesicht war nach Norden gerichtet. Der Instinkt des Blinden kam zu ihm. Weite , weiße Wirbelverwehungen erhoben sich über lange Schneehügel. Als er sich wieder umdrehte, war sein Gesicht besorgt. Es wurde immer unruhiger, dann hellte es sich wieder auf, und er sagte zu Hume: „Captain, würden Sie das Buch bei mir lassen, bis Sie zurückkommen – das über Gebrechen, Gefahren und Notwendigkeiten?“ Ich kannte einen Flussboss, der als Glücksbringer ein altes Zauberbuch mit sich herumtrug. Mir kommt es so vor, als ob Ihr Buch, Kapitän, diesem Teil der Weißen Garde Glück bringen würde, der auf den Fersen zurückbleiben muss.“

Hume hatte die Leiden seines Lebens mutig ertragen; er hatte diesen schrecklichen Landstreicher geführt, ohne dass sein Herz für sich selbst zitterte; er wollte eine gefährliche Tat vollbringen, ohne innerlich zurückzuschrecken; Aber Jeffs Bitte war die größte Prüfung in dieser kritischen Zeit seines Lebens.

Jeff spürte, wenn er es nicht sehen konnte, das Zögern seines Chefs. Sein rauer, aber freundlicher Instinkt sagte ihm, dass etwas nicht stimmte, und er beeilte sich hinzuzufügen: „Bitte um Verzeihung, Mr. Hume, das ist egal. Ich hätte dich nicht darum bitten sollen. Aber es ist genau wie ich. Ich war die ganze Zeit über wie eine Kette am Bein der Weißen Garde.

Der Moment des Zögerns war vergangen, bevor Jeff ein halbes Dutzend Worte gesagt hatte, und Hume drückte ihm das Buch in die Hand mit den Worten: „Nein, Jeff, nimm es. Es wird der Weißen Garde Glück bringen. Bewahre es gut auf, bis ich zurückkomme.“

Jeff nahm das Buch, hörte aber ein kehliges „Ugh“ hinter sich und drehte sich trotzig um. Cloud-in-the-Sky berührte seinen Arm und sagte: „Gut! Buch mit starkem Rücken – gut!“ Jeff war zufrieden.

An diesem Punkt trennten sie sich, Jeff und Gaspe Toujours blieben übrig und Hume und seine beiden Anhänger gingen weiter in Richtung Manitou Mountain. Die Wahrscheinlichkeit, dass Clive Lepage gefunden würde, schien gering. Auf ihrem Weg nach Osten und Norden hatten sie weite Landstriche zurückgelegt, sich nach den angegebenen Stunden der Reise geteilt und wieder getroffen, aber es war kein Zeichen zu sehen gewesen; weder Steinhaufen noch Stab, noch irgendein Zeichen menschlicher Anwesenheit.

Hume hatte Jeff Hydes Gesicht bemerkt, als es den wirbelnden Strömungen des Nordens zugewandt war, und er verstand, was im Kopf des erfahrenen Jägers vorging. Er wusste, dass schweres Wetter vor ihnen lag und dass ihnen auf der Reise die größte Gefahr bevorstand.

In dieser Nacht sahen sie den Berg Manitou, kalt, kolossal, streng ruhig; und gleichzeitig mit diesem Anblick erhob sich ein kreischender, beißender, fürchterlicher Nordwind. Es wehte mit grausamer Eroberungsdrohung und durchdringender Härte über sie her. Es erfüllte ihre Herzen mit eiskaltem Schrecken und steigerte sich zu einem heftigen Angriff, bis die Sonne plötzlich rot und wütend wurde, als würde sie bereuen, dass sie auf ihre rettende Kraft verzichtet hatte, und einen Schild aus Blut über die Bastionen des Westens ausbreitete. Der Wind ließ nach und wurde weniger mörderisch, und bevor der letzte rote Pfeil hinter der einsamen weißen Westwand aufschoss, wussten die drei, dass der schlimmste Sturm vorüber war und der Tod eine Zeit lang zurückgeblieben war. Was Hume dachte, lässt sich aus seinem Tagebuch entnehmen; Denn bevor er zwischen die Hunde kroch und

sich neben Bouche ausstreckte, schrieb er mit schmerzenden Fingern diese
Worte:

> *10. Januar: Lager 39. – Ein bitterer Tag. Wir stehen vor drei Ängsten*
>
> *jetzt: das Schicksal derer, die wir zurückgelassen haben; Lepages*
> *Schicksal; und das Gehen*
>
> *zurück. Wir sind zwanzig Meilen vom Manitou Mountain entfernt.*
> *Wenn er gefunden wird,*
>
> *Ich sollte die Rückreise nicht fürchten; Erfolg gibt Hoffnung. Aber wir*
>
> *Vertraue Gott.*

Ein weiterer Tag verging und nachts schlugen sie nach einem harten
Marsch fünf Meilen vom Manitou Mountain entfernt ihr Lager auf. Und kein
Zeichen! Aber Hume hatte das Gefühl, dass die Chance, Lepage auf diesem
Berg zu finden, gering sei. Sein eiserner Körper hatte die Strapazen dieser
Reise gut überstanden; sein starkes Herz besser. Doch in dieser Nacht befiel
ihn eine unerklärliche Schwäche. Geist und Körper waren am Rande der
Hilflosigkeit. Bouche schien dies zu verstehen, und als er von dem
Hundegespann, das inzwischen auf sieben geschrumpft war, losgelassen
wurde, sprang er auf die Brust seines Herrn. Es war, als ob zwischen dem
Mann und dem Hund ein Instinkt des Mitgefühls und der Vorahnung hin
und her ginge. Hume neigte für einen Moment seinen Kopf zu Bouche und
rieb sich freundlich die Seite; dann sagte er mit müdem Akzent: „Es ist alles
in Ordnung, alter Hund, es ist alles in Ordnung."

Hume schlief zunächst nicht gut, aber schließlich geriet er in
Vergessenheit. Als er aufwachte, spürte er, wie Bouche an seinen Decken
zog. Es war Mittag. Der verstorbene Carscallen und Cloud-in-the-Sky
schliefen noch – leblose Bündel zwischen den Hunden. Nach einer Stunde
machten sie sich wieder auf den Weg und erreichten gegen Sonnenuntergang
den Fuß des Manitou-Berges. Plötzlich erhob sich aus der Ebene dieser
mächtige Hügel, blau und weiß auf einem schwarzen Sockel. In der Nähe
seines Fußes wuchsen ein paar vereinzelte Kiefern, die sich über den
Breitengrad hinwegsetzten, so wie der Berg selbst den Berechnungen von
Geographen und Geologen widersprach. Es wurde Halt gerufen. Der
verstorbene Carscallen und Cloud-in-the-Sky sahen den Häuptling an. Seine
Augen suchten den Berg genau ab. Plötzlich machte er eine Bewegung. In
dreißig Metern Höhe befand sich ein großes rundes Loch im Fels, und aus
diesem Loch stieg eine schwache Rauchwolke auf! Die anderen beiden sahen
es auch. Cloud-in-the-Sky stieß einen wilden Schrei aus, und einen Moment
später ertönte vom Berg aus eine schwache Nachbildung des Geräuschs. Es
war kein Echo, denn am Eingang der Höhle erschien ein Indianer, der ihnen
schwache Zeichen gab, dass sie kommen sollten. Nach kurzer Zeit waren sie

bei der Höhle. Als Jaspar Hume eintrat, sprachen Cloud-in-the-Sky und der kräftige, aber abgemagerte Indianer, der ihnen zugewinkt hatte, miteinander in der Chinook-Sprache, dem Jargon, der allen Indianern des Westens gemeinsam ist.

Jaspar Hume sah eine Gestalt, die auf einem großen Bündel Kiefernzweige lag, und er wusste, dass das, worum Rose Lepage gebetet hatte, in Erfüllung ging. Im flackernden Licht einer Handvoll Feuer sah er Lepage – eher das, was von ihm übrig geblieben war – einen Schatten aus Energie, einen Haufen nervloser Knochen. Seine Augen waren geschlossen, aber als Hume, mit einem Zittern der Erinnerung und Mitgefühl im Herzen, einen Moment lang dastand und den Mann ansah, den er als Freund geschätzt und in dem er einen Feind gefunden hatte, bewegten sich Lepages Lippen und eine schwache Stimme sagte: : "Wer ist da?"

"Ein Freund."

„Komm – in meine Nähe, – Freund."

Hume machte dem verstorbenen Carscallen , der etwas Schnaps am Feuer erhitzte, eine Bewegung, dann bückte er sich, hob den Kopf des kranken Mannes hoch und nahm seine Hand. „Du bist gekommen – um mich zu retten!" flüsterte die schwache Stimme erneut.

"Ja; Ich bin gekommen, um dich zu retten." Diese Stimme war stark und klar und wahr.

„Ich scheine – deine Stimme schon einmal gehört zu haben – irgendwo zuvor – ich scheine – habe –"

Aber er war ohnmächtig geworden.

Hume schüttete dem kranken Mann ein wenig Schnaps in den Hals, und der verstorbene Carscallen rieb die zarte Hand auf – deren Gesundheit zart war, sie ähnelte jetzt der eines kleinen Kindes. Als Hume wieder atmete, flüsterte er seinem Helfer zu: „Nimm Cloud-in-the-Sky und hol Holz; Bringen Sie frische Zweige mit. Dann räumen Sie einen der Schlitten frei, und am frühen Morgen machen wir uns mit ihm auf den Rückweg."

Der verstorbene Carscallen sagte mit Blick auf die skelettartige Gestalt: „Er wird nie dorthin gelangen."

„Ja, er wird dort ankommen", war Humes Antwort.

„Aber er liegt im Sterben."

„Er begleitet mich nach Fort Providence."

„Ja, er geht nach Providence, aber nicht mit dir", sagte der verstorbene Carscallen verbissen.

Wut blitzte in Humes Augen auf, aber er sagte leise: „Hol das Holz, Carscallen ."

Hume blieb allein mit dem hungernden Indianer, der am Feuer saß und gefräßig aß, und mit dem Leidenden, der jetzt mechanisch einen kleinen, in Brandy getränkten Keks zu sich nahm. Für ein paar Augenblicke öffnete er dann seine tiefliegenden Augen und blickte benommen auf den Mann, der sich über ihm beugte. Plötzlich überkamen sie einen Ausdruck des Entsetzens. „Du – du – bist Jaspar Hume", sagte seine Stimme in einem ehrfürchtigen Flüstern.

"Ja." Die Hände des Unterfaktors scheuerten an denen des anderen.

„Aber du hast gesagt, du wärst ein Freund und kommst, um mich zu retten."

„Ich bin gekommen, um dich zu retten."

Der Körper des Leidenden zitterte. Diese Entdeckung würde ihn entweder stärker machen oder töten. Hume wusste das und sagte: „Lepage, die Vergangenheit ist Vergangenheit und tot für mich; lass es dir so sein."

Es entstand eine Pause.

„Woher wussten Sie von mir?"

„Ich war in Fort Providence. Es kamen Briefe von der Hudson's Bay Company und von Ihrer Frau, in denen stand, dass Sie diese Reise antreten würden und sechs Monate im Rückstand seien –"

„Meine Frau – Rose!"

„Ich habe einen Brief von ihr für dich. Sie ist auf dem Weg nach Kanada. Wir sollen dich zu ihr bringen."

„Um mich zu ihr zu bringen." Lepage schüttelte traurig den Kopf, presste aber den Brief, den Hume ihm gegeben hatte, an seine Lippen.

„Um dich zu ihr zu bringen, Lepage."

„Nein, ich werde sie nie wieder sehen."

„Ich sage dir, das wirst du. Du kannst leben, wenn du willst. Das schuldest du ihr – mir – Gott."

„Zu ihr – zu dir – zu Gott. Ich bin keinem treu geblieben. Ich wurde bestraft. Ich werde hier sterben."

„Du sollst nach Fort Providence gehen. Tun Sie das, um Ihre Schulden mir gegenüber zu begleichen, Lepage. Das verlange ich." In diesem Übertreter steckte ein latenter Funke von Ehre , ein Sinn für Gerechtigkeit, der zu großen Zwecken hätte entwickelt werden können, wenn eine starke Natur, die seine Schwächen erkannte, sie nicht geduldet hätte, sondern sich auf die natürliche Ritterlichkeit eines beeinflussbaren, eitlen Menschen berufen hätte , und schwacher Charakter. Er bemühte sich, Hume in die Augen zu sehen, gewann dabei Selbstvertrauen und sagte: „Ich werde versuchen zu leben. Ich werde dir Gerechtigkeit widerfahren lassen – noch nicht."

„Deine erste Pflicht ist Essen und Trinken. Wir brechen morgen nach Fort Providence auf."

Der Kranke streckte seine Hand aus. "Essen! Essen!" er sagte.

In winzigen Portionen wurde ihm Essen und Trinken verabreicht, und seine Kräfte steigerten sich spürbar. Die Höhle erstrahlte bald im Feuer, das Late Carscallen und Cloud-in-the-Sky entfacht hatten. Es wurde wenig gesprochen, denn der Kranke schlief bald ein. Lepages Indianer erzählte Cloud-in-the-Sky die Geschichte ihres Marsches – wie der andere Indianer und die Hunde starben; wie sein Herr krank wurde, als sie im Sommerwetter vom Manitou Mountain in Richtung Fort Providence aufbrachen; wie sie umkehrten und in dieser Höhle Zuflucht suchten; wie sie Monat für Monat von etwas gelebt hatten, das kaum ein Kaninchen am Leben halten konnte; und wie sein Meister ihn schließlich drängte, mit seinen Papieren weiterzumachen; aber er wollte nicht und blieb bis zu diesem Tag, als das letzte Stück Essen aufgegessen war und sie gefunden wurden.

V

Am nächsten Morgen wurde Lepage auf einen Schlitten gesetzt, und sie machten sich auf den Rückweg. Bouche bellte freudig, als er losfuhr, mit Cloud-in-the-Sky an seiner Seite. In den Gesichtern aller war Licht, auch wenn man das Licht nicht sehen konnte, weil sie so gedämpft waren. Den ganzen Tag reisten sie, kaum anhaltend, und Lepages Indianer marschierte gut. Oft wurde das leichenähnliche Bündel auf dem Schlitten aufgewühlt und in Brandy getränkte Kekse und eingemachte Wildbretstücke verteilt.

In dieser Nacht sagte Hume zu Late Carscallen : „Ich werde beim ersten Licht des Morgens aufbrechen, um so schnell wie möglich zu Gaspe Toujours und Jeff Hyde zu gelangen." Folgen Sie so schnell Sie können. Wenn Sie ihm häufig Essen und Trinken geben, ist er in Sicherheit. Ich werde gegen Mittag dort ankommen, wo wir sie zurückgelassen haben; Sie sollten dort nachts oder früh am nächsten Morgen ankommen."

„Wäre es nicht besser, Bouche mitzunehmen?" sagte der verstorbene Carscallen .

Der Unterfaktor dachte einen Moment nach und sagte dann: „Nein, er wird dort am meisten gebraucht, wo er ist."

Am nächsten Tag um die Mittagszeit blickte Jasper Hume auf eine wogende Ebene aus Sonne und Eis, sah aber keinen Stab, kein Signal, kein Zelt, kein Zeichen menschlichen Lebens: von Gaspe Toujours oder Jeff Hyde. Sein starkes Herz bebte. Hatte er sich verirrt? Er blickte in die Sonne. Er war sich nicht sicher. Er konsultierte seinen Kompass, aber dieser zitterte zögernd. Für eine Weile beherrschte ihn die wilde Verwirrung, die den Geist des Stärksten erfasst, wenn er verloren ist, trotz seiner Kämpfe dagegen. Er bewegte sich in einem Labyrinth aus halb Blindheit, halb Delirium. Er war darin verloren, davon beeinflusst. Er begann umherzuwandern; und in seinen Sinnen wuchsen seltsame Freuden und schwankende Qualen. Er hörte Kirchenglocken, er fing Schmetterlinge, er stolperte durch frisch gemähtes Heu, er wanderte durch einen tropischen Garten. Aber im Heu stach ihn eine Wespe, und der Schmetterling verwandelte sich in eine sich windende schwarze Schlange, die auf ihn losging und zu einem dunkel fließenden Fluss voller schwimmendem Eis glitt, und aus dem Fluss wurde eine weiße Hand emporgehoben, die ihn winkte – winkte ihn. Er schloss die Augen und ging darauf zu, aber eine Stimme hielt ihn auf und sie sagte: „Komm weg, komm weg", und zwei Arme umschlangen ihn, und als er vom Ufer zurückging, stolperte er und fiel und ... . Was ist das? Eine nachgiebige Masse zu seinen Füßen – eine Masse, die sich bewegt! Er greift danach, er reißt den Schnee weg, er ruft laut – und seine Stimme hat einen fernen, unnatürlichen Klang : „ Gaspe Toujours !" Gaspe Toujours !" Dann schüttelt sich die Gestalt eines

Mannes im Schnee und eine Stimme sagt: „Ay, ay, Sir!" Ja, es ist Gaspe Toujours ! Und neben ihm liegt Jeff Hyde, und zwar lebendig. „Ja, ja, Sir, lebendig!"

Jasper Humes Geist war wieder er selbst. Es hatte nur für einen Moment die Qual des Deliriums erlitten.

Gaspe Toujours und Jeff Hyde hatten sich in der Nacht des starken Windes im Zelt niedergelegt und waren sofort eingeschlafen. Der Stab war umgeflogen, das Zelt war über sie gefallen, die Schneewehe hatte sie bedeckt, und drei Tage lang hatten sie unter dem Schnee geschlafen und waren nie aufgewacht.

Jeff Hydes Anblick kam wieder zu ihm. „Sie sind wegen des Buches zurückgekommen", sagte er. „Ohne geht es nicht weiter. Du hättest es gestern nehmen sollen."

Er zog es aus seiner Tasche. Er war benommen.

„Nein, Jeff, dafür bin ich nicht zurückgekommen, und ich habe dich gestern nicht verlassen: Es ist drei Tage und mehr her, seit wir uns getrennt haben. Das Buch hat uns Glück gebracht, und zwar das Beste. Wir haben unseren Mann gefunden; und sie werden heute Abend bei ihm sein. Ich bin vorausgegangen, um zu sehen, wie es dir ergangen ist."

In dieser frostigen Welt legte Jeff Hyde für einen Moment seinen Kopf frei. „Gaspe Toujours ist ein Papist", sagte er, „aber er hat mir an dem Tag, an dem du gegangen bist, etwas aus diesem Buch vorgelesen, und eine Sache hat uns zum Schlafen gebracht: Es ging darum, die Dunkelheit zu erhellen und uns vor allem zu verteidigen ." die Gefahren und Gefahren dieser Nacht."' Hier machte Gaspe Toujours das Kreuzzeichen. Jeff Hyde fuhr halb entschuldigend für seinen Kameraden fort: „Das ist für Gaspe Toujours eine Selbstverständlichkeit – ich denke, das gilt für Papisten immer." Aber so habe ich nie trainiert , ich musste das Ding immer wieder umdrehen und bin darauf eingeschlafen. Und wenn ich drei Tage später aufwache, sind meine Augen so frisch wie Gänseblümchen, und Sie sind zurück, Sir, und das, wozu wir gekommen sind, ist erledigt."

Er legte Hume das Buch in die Hände und in diesem Moment sagte Gaspe Toujours : „Sehen Sie!" In der Ferne, am östlichen Horizont, erschien eine Gruppe sich bewegender Gestalten.

In dieser Nacht wurden die zerbrochenen Teile der Weißen Garde wieder vereint und Clive Lepage schlief an der Seite von Jaspar Hume.

VI

Napoleon hätte mit undezimierten Legionen sicher aus Moskau zurückmarschieren können, wenn das Herz dieser Legionen nicht gebrochen worden wäre. Die Weißgardisten, deren Gesichter nach Hause gerichtet waren, und der Mann, den sie in ihrer Obhut gesucht hatten, schienen neue Stärke gewonnen zu haben. Sie marschierten durch Tage schrecklicher Kälte, durch Nächte entsetzlicher Wildheit, durch Stürme auf den Ebenen, die ihnen lähmende Decken bereiteten. Und wenn Lepage nicht stärker wurde, blieb ihm zumindest das Leben erhalten.

Unter ihnen wurde kaum gesprochen, aber hin und wieder sang Gaspe Toujours Auszüge aus den Liedern der Voyageure der großen Flüsse; und die Herzen aller waren stark. Zwischen Bouche und seinem Herrn kam es gelegentlich zu Demonstrationen. Am zwanzigsten Tag auf dem Heimweg sagte Hume mit der Hand auf dem Kopf des Hundes: „Es musste getan werden, Bouche; Sogar ein Hund konnte das sehen."

Und so war es für die Weißgardisten „alles in Ordnung". Eines Tages, als die Sonne über Fort Providence wärmer als sonst stand und gerade einmal fünfundsechzig Tage vergangen waren, war aus ängstlichen Herzen Jubelrufe für tapfere Männer aufgegangen, die in die Barren Grounds hinauszogen, Sergeant Gosse, die jeden Tag und in letzter Zeit viele Mal am Tag hatte er mit einem Fernglas den Nordosten abgesucht, war in das Büro des Hauptfaktors gestürzt und hatte mit gebrochener Stimme gerufen: „Sie sind alle gekommen!" Sie sind gekommen!" Dann lehnte er seinen Arm und Kopf an die Wand und schluchzte. Und der alte Mann erhob sich zitternd von seinem Stuhl, bedankte sich und ging eilig auf den Platz. Er kam jedoch nicht stetig voran, die freudige Nachricht hatte ihn erschüttert, obwohl er ein robuster alter Pionier war. In den letzten zwei Monaten war ein weißer Rand um seine Schläfen gewachsen. Die Bewohner der Festung hatten gesagt, sie hätten ihn noch nie so jähzornig und doch so sanftmütig gesehen; so unruhig und doch so zurückhaltend; so streng um den Mund und doch so freundlich um die Augen, wie er es gewesen war, seit Hume diesen verzweifelten Auftrag angetreten hatte.

Die Handvoll Leute in der Festung hatten sich bereits versammelt. Die Inder verließen den Laden und gesellten sich zu den anderen; Der Faktor und Sergeant Gosse machten sich auf den Weg, um der kleinen Hilfsarmee entgegenzutreten. Auf das „Im Namen der Hudson's Bay Company, Mr. Hume" des Faktors, als sie sich trafen, kam „Mit Gottes Hilfe, Sir", und er zeigte auf den Schlitten, auf dem Lepage lag. Eine schwache Hand wurde in die stämmige Hand des Faktors gefasst, und dann stellten sie sich alle wieder in eine Reihe, wobei „Wolke im Himmel" vor den Hunden lief. Es hatte

Schnee auf sie gefallen, und als sie den Zaun betraten, waren Männer und Hunde von Kopf bis Fuß weiß.

Die Weißgardisten waren zurückgekehrt. Jaspar Hume würdigte seine schrille Begrüßung genauso einfach wie vor zwei Monaten und mehr. Mit dem Faktor trug er den Kranken zu sich und legte ihn auf sein eigenes Bett. Dann kam er wieder nach draußen, und als sie ihn noch einmal anfeuerten, sagte er: „Wir sind gut durchgekommen, und ich bin dankbar. Aber denken Sie daran, dass meine Kameraden bei diesem Marsch Ihren Beifall mehr verdienen als ich. Ohne sie hätte ich nichts tun können."

„In unseren Gebrechen und in all unseren Gefahren und Notwendigkeiten", fügte Jeff Hyde hinzu. „Das Glück der Welt lag in diesem Buch!"

Nach einer weiteren halben Stunde hatte sich die Weiße Garde wohl gefühlt, und vier von ihnen hatten sich um den großen Ofen im Laden versammelt, Cloud-in-the-Sky rauchte ruhig und voller gutturaler Betonung; Der verstorbene Carscallen bewegte mit einem Gefühl der Befriedigung seine tierähnlichen Kiefer; Gaspe Toujours unterhält sich in Chinook-Sprache mit den Indianern, in Patois mit dem französischen Angestellten und in gebrochenem Englisch mit allen; und Jeff Hyde rühmt sich über die Wunder des Marsches, über den Fund von Lepage am Manitou Mountain und darüber, dass er und Gaspe Toujours im Schnee begraben sind.

VII

In Humes Haus lag Lepage um Mitternacht schlafend mit den Briefen seiner Frau – die er über den Faktor erhalten hatte – in der Hand. Der Feuerschein spielte auf einem dunklen, enttäuschten Gesicht – einem dem Untergang geweihten, vorzeitig gealterten Gesicht, wie es dem Faktor vorkam.

„Dann kannten Sie ihn also", sagte der Faktor nach langem Schweigen mit einer Geste in Richtung Bett.

„Ja, nun ja, vor Jahren", antwortete Hume.

In diesem Moment rührte sich der Kranke im Schlaf und sagte unzusammenhängend: „Ich werde alles wieder gutmachen, Hume." Dann kam eine Pause und eine schnellere Äußerung: „Verzeihen Sie – verzeihen Sie mir, Rose." Der Faktor stand auf und drehte sich zum Gehen um, und Hume ging mit einer traurigen Geste zum Bett.

Wieder sagte die Stimme: „Zehn Jahre – zehn Jahre habe ich Buße getan – ich wage nicht zu sprechen –"

Der Faktor berührte Humes Arm. „Er hat Fieber. Du und ich müssen ihn pflegen, Hume. Du kannst mir vertrauen – du verstehst."

„Ja, ich kann dir vertrauen", war die Antwort. „Aber ich kann dir nichts sagen."

„Ich will nichts wissen. Wenn Sie bis zwei Uhr zuschauen können, werde ich Sie ablösen. Ich werde die Hausapotheke rüberschicken. Du weißt, wie man ihn behandelt."

Der Faktor wurde ohnmächtig und der andere blieb mit dem Mann allein, der ihm Unrecht getan hatte. Das aktivste Gefühl in seinem Geist war Mitleid, und während er einen Trank aus seinem eigenen Vorrat an Medikamenten zubereitete, dachte er über die Vergangenheit und die Gegenwart nach. Er wusste, dass dieser Mann, so sehr er auch gelitten hatte, noch mehr gelitten hatte. In dieser stillen Nacht wurde jede Barriere niedergerissen, die möglicherweise zwischen Lepage und seinem vollkommenen Mitgefühl gestanden hatte. Nachdem er sich aus der Berechnung zurückgezogen hatte, wurde Gerechtigkeit zur Vergebung.

Er befeuchtete die Lippen des Kranken, badete seine Stirn und weckte ihn einmal, um ein beruhigendes Puder zu nehmen. Dann setzte er sich hin und schrieb an Rose Lepage. Aber er riss den Brief wieder auf und sagte zum Hund: „Nein, Bouche, das kann ich nicht; Der Faktor muss es tun. Sie muss noch nicht wissen, dass ich es war, der ihn gerettet hat. Es ist keine Last der Dankbarkeit, wenn mein Name nicht erwähnt wird. Der Faktor darf mich nicht erwähnen, Bouche – noch nicht. Wenn es ihm wieder gut geht , werden wir mit ihr nach London fahren, Bouche, und wir brauchen sie nicht zu treffen. Es wird alles gut, Bouche, schon gut!"

Der Hund schien zu verstehen; denn er ging zu der Kiste hinüber, die es enthielt; und sah seinen Herrn an. Dann stand Jaspar Hume auf, brach das Siegel, schloss die Kiste auf und öffnete sie; aber er hörte den Kranken stöhnen, und er schloss die Tür wieder und ging zum Bett. Die schwache Stimme sagte: „Ich muss sprechen – ich kann nicht so sterben – nicht so." Hume befeuchtete einmal die Lippen, legte ein kaltes Tuch auf den fiebrigen Kopf und setzte sich dann wieder ans Feuer.

Endlich schlief Lepage. Die unruhigen Hände wurden still, der Atem wurde regelmäßiger, der gequälte Geist fand für kurze Zeit Ruhe. Mit dem alten debattierenden Blick in seinen Augen saß Hume da und schaute zu, bis der Faktor ihn ablöste.

VIII

Februar und März und April waren vorbei und der Mai war gekommen. Lepage hatte einen harten Kampf ums Leben gehabt, aber er hatte überlebt. Wochenlang wiederholte sich jede Nacht die erste Nacht nach der Rückkehr: wahnsinnige Selbstverurteilung, flehende Bitten, Appelle an seine Frau und die Erwähnung von Humes Namen in schaudernder Reue. Mit der Hilfe des Indianers, der die Leiden des kranken Mannes in den Barren Grounds geteilt hatte, pflegten der Faktor und Hume ihn wieder zum Leben. Nach der ersten Nacht war zwischen den beiden Beobachtern kein Wort über den Inhalt von Lepages Delirium gewechselt worden. Aber eines Abends schaute der Faktor allein zu, und der reuige Mann schrie aus seinem Fieberschlaf: „Still, still! Lass es sie nicht wissen – ich habe sie beide gestohlen, und Rose wusste es nicht. Rose wusste es nicht!"

Der Faktor erhob sich und ging weg. Der Hund beobachtete ihn. Er sagte zu Bouche: „Du hast einen guten Meister, Bouche."

IX

In einem Sessel aus Hickory- und Birkenrinde von Cloud-in-the-Sky saß Lepage und las einen Brief seiner Frau. Sie war in Winnipeg und reiste nach Westen bis nach Regina, um ihn auf dem Weg nach unten zu treffen. Er sah wie ein Wrack aus; aber ein hübsches Wrack. Seine feinen Gesichtszüge, sein weicher schwarzer Bart und seine blauen Augen, seine anmutige Hand und seine sanften Manieren schienen nicht zu einem bösen Mann zu gehören. Er saß im Sonnenlicht an der Tür, eingehüllt in Elch- und Biberfelle. Die Welt der Ebene und des Holzes war froh. Nicht so Lepage. Er saß da und dachte darüber nach, was kommen würde. Er hatte manchmal gehofft, dass er sterben würde, aber zweimal hatte Hume gesagt: „Ich verlange dein Leben." Du bist es deiner Frau schuldig – mir." Er hatte sein Herz dieser Forderung gestellt und gelebt. Aber was lag vor ihm? Er sah eine steinige Spur und er schauderte.

Als er dort saß und in die Zukunft blickte, kam Hume zu ihm und sagte: „Wenn du Lust hast, Lepage, werden wir am Montag nach Edmonton aufbrechen." Ich denke, es wird ziemlich sicher sein, und Ihre Frau ist besorgt. Ich werde Sie bis nach Edmonton begleiten; Anschließend können Sie bei diesem angenehmen Wetter in einfachen Etappen weiterwandern. Bist du bereit zu gehen?"

„Ganz fertig", war die Antwort.

X

An einem schönen Maiabend wurden Lepage, Hume und die Weiße Garde in Fort Edmonton vom kommandierenden Offizier der berittenen Polizei begrüßt. Sie sollten einige Tage lang die Gastfreundschaft der Festung genießen. Hume sollte mit Cloud-in-the-Sky und Late Carscallen sowie einer Reihe indischer Flugzeugträger zurückkehren ; denn auch dies war eine Geschäftsreise. Gaspe Toujours und Jeff Hyde sollten mit Lepage weitermachen, der nun viel stärker und besser war. Ein Tag verging, und am nächsten Morgen gab Hume Gaspe Toujours und Jeff Hyde Anweisungen und traf Vorbereitungen für seine Rückkehr. Er stand auf dem Kasernenplatz, als ein Reiter hereinritt und einen in der Nähe stehenden Sergeant fragte, ob Lepage in der Festung angekommen sei. Ein paar Worte verdeutlichten, dass Rose Lepage sich der Festung von Süden her näherte. Der Reiter war am Tag zuvor vorausgeschickt worden, aber da sein Pferd einen leichten Unfall erlitten hatte, war er aufgehalten worden. Allerdings hatte er die Party schon von weitem am frühen Morgen gesehen. Er müsse jetzt wegreiten und Mrs. Lepage treffen, sagte er. Er wurde mit einem frischen Pferd ausgestattet und reiste mit einer Nachricht von Lepage ab.

Hume beschloss, Fort Edmonton sofort zu verlassen und die gesamte Weiße Garde mitzunehmen; und gab entsprechende Befehle. Als er den Raum betrat, in dem Lepage allein saß, sagte er: „Lepage, die Zeit des Abschieds ist gekommen. Ich starte nach Fort Providence.“

Aber der andere antwortete: „Du wirst warten, bis meine Frau kommt.“ Du musst.“ In seiner Stimme lag Ärger. "Ich darf nicht."

Lepage bereitete sich auf eine schwere Aufgabe vor und sagte: „Hume, wenn es an der Zeit ist, Abschied zu nehmen, ist es auch an der Zeit, dass wir einmal offen miteinander sprechen: um, soweit möglich, eine lange Vereinbarung zu treffen.“ Konto. Du hast meiner Frau nicht gesagt, wer mich gerettet hat. Das geht aus ihren Briefen hervor. Sie fragt nach dem Namen meines Retters. Ich habe es ihr noch nicht gesagt. Aber das wird sie heute wissen, wenn ich ihr alles erzähle.

„Wenn du ihr alles erzählst?“

„Wenn ich ihr alles erzähle.“

„Aber das sollst du nicht tun.“

"Ich werde. Es wird der Beginn des Geständnisses sein, das ich später der Welt vorlegen werde.“

„Beim Himmel, du sollst es nicht tun. Willst du ihr Leben ruinieren?“

Jaspar Humes Gesicht war zornig und blieb es auch, bis der andere mit der Stirn in den Händen in den Stuhl zurücksank; aber es wurde milder, als er diese Reue und Scham sah. Er begann zu erkennen, dass Lepage die ganze Situation nicht klar erfasst hatte . Er sagte in ruhigerem, aber immer noch entschiedenem Tonfall: „Nein, Lepage, diese Angelegenheit liegt zwischen uns beiden und uns allein. Sie darf es nie erfahren – die Welt darf es daher nie erfahren. Du hast etwas Unmännliches getan; Du leidest unter männlicher Reue. Jetzt lass es hier enden – aber ich schwöre, das wird es", sagte er in scharfem Ton, während der andere ablehnend den Kopf schüttelte: „Ich hätte dich am Manitou Mountain sterben lassen, wenn ich gedacht hätte, dass du es wagen würdest, deiner Frau das Eigentum wegzunehmen." Frieden – der Respekt Ihrer Kinder."

"Ich habe keine Kinder; Unser Baby ist gestorben."

Hume wurde wieder weicher. „Kannst du es nicht sehen, Lepage? Das Ding lässt sich nicht reparieren. Ich begrabe alles, und das musst du auch tun. Du wirst die Welt neu beginnen, und ich auch. Behalte die Liebe deiner Frau. Von nun an wirst du es verdienen."

Lepage schaute den anderen mit feuchten Augen an und sagte: „Aber du wirst das Geld zurücknehmen, das ich dafür bekommen habe?"

Es entstand eine Pause, dann antwortete Hume: „Ja, zu den Bedingungen, Zeiten und Bedingungen, die ich später festlegen werde. Du hast kein Kind, Lepage?" fügte er sanft hinzu.

„Wir haben kein Kind; es starb mit meinem Ruhm."

Hume sah dem Mann, der ihm Unrecht getan hatte, fest in die Augen. „Denk dran, Lepage, du beginnst die Welt neu. Ich gehe jetzt. Bei der Erinnerung an alte Zeiten, auf Wiedersehen." Er streckte seine Hand aus. Lepage nahm es, stand zitternd auf und sagte: „Du bist ein guter Mann, Hume. Auf Wiedersehen."

Der Unterfaktor drehte sich an der Tür um. „Wenn es Ihnen gefällt, sagen Sie Ihrer Frau, dass ich Sie gerettet habe. Jemand wird es ihr sagen; Vielleicht wäre es mir lieber – zumindest wäre es natürlicher, wenn du es tätest."

Er wurde ohnmächtig in den Sonnenschein, der in den Raum strömte, und fiel auf die Gestalt von Lepage, der verträumt murmelte: „Und die Welt neu beginnen."

Zeit verging. Ein Schatten fiel auf das Sonnenlicht, das auf Lepage fiel. Er schaute auf. Es gab einen erschrockenen Freudenschrei, einen Liebesausruf als Antwort, und Rose wurde in die Arme ihres Mannes gedrückt.

Ein paar Augenblicke später sagte die Frau mit dem süßen Gesicht: „Wer war dieser Mann, der nach Norden davonritt, als ich heraufkam, Clive? Er hat mich an jemanden erinnert .

„Das war der Anführer der Weißen Garde, der Mann, der mich gerettet hat, Rose." Er hielt einen Moment inne und sagte dann feierlich: „Es war Jaspar Hume."

Die Frau kam mit einer Feder auf die Beine. „Er hat dich gerettet – Jasper Hume! Oh, Clive!"

„Er hat mich gerettet, Rose."

Ihre Augen waren feucht: „Und er wollte nicht bleiben und mich ihm danken lassen! Armer Kerl, armer Jasper Hume! War er all die Jahre hier oben?"

Ihr Gesicht war gerötet und der Schmerz kämpfte mit der Freude, ihren Mann wiederzusehen.

„Ja, er war die ganze Zeit hier."

„Dann hat er im Leben keinen Erfolg gehabt, Clive!" Ihre Gedanken gingen zurück zu den Tagen, als Hume, blind und krank, aus gesundheitlichen Gründen wegging, und sie erinnerte sich daran, wie leid sie damals für ihn empfand und wie bekümmert sie darüber war, dass er, als er stark und gesund zurückkam, nicht in ihre Nähe kam Sie oder ihr Ehemann und gratulierten nicht. Sie hatte ihm nicht absichtlich Unrecht getan. Sie wusste, dass er sich um sie kümmerte, aber das galt auch für Lepage. Als Jasper Hume wegging, war keinem von beiden ein Versprechen gegeben worden; und danach wuchs ihre Liebe zu dem erfolgreichen, gutmütigen Genie, das ihr Ehemann wurde. Es wurde kein wirkliches Versprechen gebrochen. Selbst in diesem Glück, als sie wieder zu Füßen ihres Mannes saß, dachte sie mit zärtlicher Güte an den Mann, der sich vor elf Jahren um sie gekümmert hatte; und die erst jetzt ihren Mann gerettet hatte.

„Er hat im Leben keinen Erfolg gehabt", wiederholte sie leise. Als Lepage auf sie herabblickte und seine Stirn vor weißer Hitze brannte, sagte er: „Er ist ein großartiger Mann, Rose."

„Ich bin sicher, er ist ein guter Mann", fügte sie hinzu.

Vielleicht hatte sich Lepage eine Kraft geliehen, die nicht allein seine eigene war, denn er sagte fast streng: „Er ist ein großartiger Mann."

Seine Frau blickte halb erschrocken auf und sagte: „Sehr gut, mein Lieber; er ist ein guter Mann – und ein großartiger Mann."

Das Sonnenlicht kam immer noch durch die offene Tür herein. Der Saskatchewan floss schnell zwischen seinen grünen Ufern hindurch, ein Adler schwebte nach Westen davon, Rotkehlchen riefen ein paar Meter entfernt einen einsamen Baum, Soldaten bewegten sich über den Platz hin und her, und eine Henne und ihre Hühner kamen flatternd zur Schwelle. Die Frau blickte auf die gelbe Brut, die sich ihrer Mutter näherte, und ihre Augen wurden wehmütig. Sie dachte an ihr einziges Baby, das in einem englischen Grab schlief. Doch als Lepage an die Worte des Hauptmanns der Weißen Garde dachte, sagte er fest: „Wir werden die Welt neu beginnen."

Sie lächelte und erhob sich, um ihn zu küssen, während die Henne und die Hühner von der Tür wegeilten und auf dem Platz ein deutliches Signalhornsignal ertönte.

XI

Elf Jahre sind vergangen, seit sich diese Szene in Edmonton abspielte.

Eine große Versammlung löst sich in einer Halle in Piccadilly auf. Es wurde zusammengestellt, um einen Mann zu ehren, der in der Ingenieurwissenschaft einen Triumph errungen hat. Als er die Plattform verlässt, um zu gehen, wird er von lautem Jubel begrüßt . Er verneigt sich ruhig und freundlich. Er ist ein Mann von energischem, aber zurückhaltendem Aussehen; er hat eine seltene Individualität. Mit stiller Herzlichkeit nimmt er die persönlichen Glückwünsche seiner Freunde entgegen. Er bleibt einige Zeit im Gespräch mit einem königlichen Herzog, der seinen Arm nimmt und mit ihm auf die Straße geht. Der Herzog ist Mitglied im Club dieses großen Mannes und bietet ihm einen Sitzplatz in seinem Brougham an. Unter dem Jubel der Menschen fahren sie gemeinsam davon. Innerhalb des Clubs gibt es neue Glückwünsche und es wird vorgeschlagen, ein spontanes Abendessen zu veranstalten, bei dem der Herzog den Vorsitz führen wird. Doch mit Bescheidenheit und ehrlichem Dank lehnt der große Mann ab. Er plädiert für eine Verlobung. Dieses Engagement hatte er am Vortag einer namhaften Gesellschaft vorgetragen. Nachdem sein Gesundheitszustand bestätigt wurde, verabschiedet er sich, verlässt den Club und geht in Richtung eines West-End-Platzes. In einer der Straßen bleibt er stehen und betritt ein Gebäude namens „Providence Chambers". Sein Diener überreicht ihm ein Telegramm. Er geht zu seiner Bibliothek, steht vor dem Feuer und öffnet sie. Darin heißt es: „Meine Frau und ich gratulieren dem großen Mann."

Jasper Hume steht einen Moment da und blickt ins Feuer, dann sagt er einfach: „Ich wünschte, der arme alte Bouche wäre hier." Dann setzt er sich hin und schreibt diesen Brief:

> *Meine lieben Freunde, Ihr Telegramm hat mich glücklich gemacht. Der Tag ist vorbei.*
>
> *Meine neueste Idee war erfolgreicher, als ich zu hoffen wagte; Und*
>
> *Die Welt war freundlich. Ich ging hinunter, um deinen Jungen, Jasper, zu besuchen*
>
> *Clifton letzte Woche. Es war sein Geburtstag, wissen Sie – er war neun Jahre alt,*
>
> *und ein kluger, willensstarker kleiner Kerl. Er ist recht zufrieden.*

Da er mein Patenkind ist, habe ich erneut das Recht beansprucht, einen zu stellen

Tausend Dollar auf sein Guthaben auf der Bank – ich muss davon sprechen

Dollar an euch Leute, die in Kanada leben – was ich bei ihm getan habe

jeden Geburtstag. Wenn er einundzwanzig ist , wird er einundzwanzig haben

Tausend Dollar – genug für einen Start ins Leben. Wir kommen

gut zusammen, und ich denke, er wird eine gute Fähigkeit dafür entwickeln

Wissenschaft. Im Sommer werde ich ihn, wie gesagt, zu euch bringen.

Heute Abend gibt es nichts mehr zu sagen, außer dass ich wie immer bin:

Dein treuer und liebevoller Freund,

JASPAR HUME.

Einen Moment nachdem der Brief fertig war, kam der Diener herein und verkündete: „Mr. Der verstorbene Carscallen . Mit einem Lächeln und einer herzlichen Begrüßung trafen sich der große Mann und dieses Mitglied der Weißen Garde. Um seinen alten Kameraden aus der Arktis zu unterhalten, hatte Jaspar Hume es abgelehnt, sich von Gesellschaft oder Club unterhalten zu lassen. Eine Weile später sagte der ehemalige Subfaktor am Tisch: „Du hast deinen Bruder wohlauf gefunden, Carscallen ?"

Die Kiefer bewegten sich langsam wie früher. „Ja, das und ein großartiger Meenister , Sir."

„Er wollte, dass du in Schottland bleibst, nehme ich an?"

„Ja, das stimmt, aber es gibt für mich keinen Ort wie Fort Providence."

„Probieren Sie diesen Fasan. Und du bist jetzt ein Unterfaktor, Carscallen ?"

„Es gibt zwei von uns Subfaktoren – Jeff Hyde und mich. Mr. Field ist alt und kann nicht viel arbeiten, und der Handel ist jetzt schwer."

"Ich weiß. Ich höre hin und wieder etwas von dem Faktor. Und Gaspe Toujours , was ist mit ihm?"

„Er ist vor drei Jahren weggegangen und hat gesagt, er würde zurückkommen. Das hat er jedoch nie getan. Jeff Hyde glaubt, dass er es tun wird. Er sagt hundertmal zu mir: „ Carscallen , er hat das Kreuzzeichen gemacht, dass er von Saint Gabrielle zurückgekommen ist; und das ist neben dem Buch mit einem Papisten. Wenn er lebt, wird er kommen.""

„Vielleicht wird er das, Carscallen . Und die Wolke am Himmel?"

„Er ist immer noch da und kommt herein und raucht mit Jeff Hyde und mir, wie er es früher mit Ihnen gemacht hat; Aber er gehorcht unseren Befehlen nicht so wie Ihren, Sir. Als ich ging, sagte er zu mir: „Sehen Sie Strong-back, sagen Sie ihm Cloud-in-the-Sky, guter Indianer – er vergisst es nie ." Wie!'"

Jaspar Hume hob sein Glas mit lächelnden und nachdenklichen Augen: „An Cloud-in-the-Sky und alle, die nie vergessen!" er sagte.

---

www.ingramcontent.com/pod-product-compliance
Lightning Source LLC
Chambersburg PA
CBHW051418130726
47989CB00007B/2985